BEI GRIN MACHT SICH IHR WISSEN BEZAHLT

- Wir veröffentlichen Ihre Hausarbeit, Bachelor- und Masterarbeit

- Ihr eigenes eBook und Buch - weltweit in allen wichtigen Shops

- Verdienen Sie an jedem Verkauf

Jetzt bei www.GRIN.com hochladen und kostenlos publizieren

Bibliografische Information der Deutschen Nationalbibliothek:

Die Deutsche Bibliothek verzeichnet diese Publikation in der Deutschen National-
bibliografie; detaillierte bibliografische Daten sind im Internet über http://dnb.d-
nb.de/ abrufbar.

Impressum:

Copyright © 2015 GRIN Verlag, Open Publishing GmbH
Druck und Bindung: Books on Demand GmbH, Norderstedt Germany
ISBN: 978-3-668-14298-5

Dieses Buch bei GRIN:

http://www.grin.com/de/e-book/314287/software-ergonomie-grundlagen-der-
optimalen-ausgestaltung-von-computersystemen

Benjamin Martin Navas

Software-Ergonomie. Grundlagen der optimalen Ausgestaltung von Computersystemen für die Benutzer

GRIN Verlag

**FOM Hochschule für Oekonomie & Management
Essen**

**Berufsbegleitender Studiengang:
Wirtschaftsinformatik**

7. Semester

Seminararbeit Software Engineering:

Software-Ergonomie

Autor: **Benjamin Martin Navas**

Offenbach, den 02. Juli 2015

I

Inhaltsverzeichnis

Abbildungsverzeichnis

1 Einleitung

Der Computer hat im alltäglichen Leben eine mittlerweile unersetzliche Rolle eingenommen. Im Rahmen der Lebensbereiche Arbeit, Bildung, und Freizeit begegnen Verbraucher bzw. Konsumenten einer Vielzahl und Vielfalt von Computersystemen und Computeranwendungen.[1] Im Vordergrund steht dabei immer die Interaktion zwischen Mensch und Computer. Durch langjährige Tests und kontinuierliche Entwicklungen ist es dem Menschen gelungen den Computer in manchen Bereichen fast vollständig zu automatisieren. Heutzutage übernehmen Computer das Denken – was, wann und wo zu tun ist. Das Navigationssystem gibt auf Eingabe den Fahrtweg vor, der Fahrkartenautomat repräsentiert wie viel Restgeld zu zahlen ist. All das sind Beispiele für eine Interaktion zwischen Mensch und Computer. Damit diese Kooperation gut funktionieren kann, ist es wichtig, dass die Schnittstelle zwischen Mensch und Maschine gut durchdacht und sauber gestaltet ist. Hier greift das Aufgabengebiet der Software-Ergonomie, besonders weil im hektischen und informationsüberlasteten Alltag die Schnittstelle dieser wichtigen Verbindung übersehen wird und es zum Bruch kommt: Unverständliche Meldungen, schwer erkennbare Bedienelemente, unauffindbare Funktionen, umständliche Dialoge – jede Benutzerin und jeder Benutzer von Rechneranwendungen kann hierfür Beispiele nennen.[2] Folgen, die solche Mängel in der Gestaltung von Software haben können sind oftmals schwerwiegend. Sie reichen von gesundheitlichen Beeinträchtigungen der Benutzer bis hin zur Gefährdung von Menschenleben. Weiterhin sind wirtschaftliche Schäden nicht von der Hand zu weisen, denn eine fehlerhafte Interaktion führt zwangsläufig zu einer langsameren und fehleranfälligeren Bedienung des Computers. Computersysteme bestimmen unser tägliches Leben und erweitern die Möglichkeiten in unserer modernen Gesellschaft.[3]

In der nachfolgenden Ausarbeitung wird ein detaillierter Überblick von Software-Ergonomie dargestellt und die Mensch-Computer-Interaktion genau beleuchtet. Dazu werden die psychologischen Grundlagen zu Usability Engineering und barrierefreier Software erklärt. Die Merkmale der Interaktionsgestaltung sowie die sieben Prinzipien der Dialoggestaltung werden nicht außer Acht gelassen. Denn gerade diese Richtlinien, insbesondere die Dialoggestaltung, die genauer präzisiert wird, sind sehr entscheidend

---

[1] Vgl. Herczeg Michael (2009), S. 1.
[2] Vgl. Heinecke, Andreas (2012), S. V.
[3] Vgl. Herczeg Michael (2009), S. 1.

für das Verhältnis zwischen Anwender und Software. Deshalb werden auch die Style-guides, u.a. in der analytisch-psychologischen Darstellung präsentiert. Nach der Fakten-belegung der Software-Ergonomie und ihrem Konzept sollen zum Schluss noch Folgen von schlechter Software-Ergonomie und deren Fehlerbehebung konkretisiert werden.

2 Begriffserklärungen

Im nachfolgenden werden Software und Ergonomie getrennt voneinander erklärt.

2.1 Software

Der Begriff Software bezeichnet die nicht physischen Komponenten eines Computers. In der Regel sind diese Komponenten die Programme, die auf den unterschiedlichen Ebenen eines Computersystems ablaufen. Ohne funktionale Software ist der Betrieb einer Hardware nicht möglich. Gerätetreiber, Betriebssysteme und klassische Anwen-dungssysteme sind Beispiele von Software. Problematisch ist der Umgang mit Software dahingehend, dass die Bedienung meistens nur einen relativ eingeschränkten Satz von Eingabemedien zur Verfügung hat. Im Regelfall sind das Touchscreen, Keyboard und Maus.[4] Mit diesem Wissen muss eine Software heutzutage gestaltet werden, um effektiv und einfach bedient werden zu können.

2.2 Ergonomie

Der Begriff Ergonomie bezeichnet die Wissenschaft von der Anpassung der Arbeitsbe-dingungen an den Menschen. Das Wort kommt aus dem Altgriechischen und leitet sich von den Wörtern „ergon", Arbeit und „nomos", Regel ab. Im Rahmen der Ergonomie wurden durch vielfältige Studien und Experimente Werkzeuge und Arbeitsumgebungen an die Menschen und ihre Tätigkeiten angepasst.[5] Dabei stellt diese Wissenschaft nicht die Arbeit in den Vordergrund, sondern eher den Menschen, seine Aufgaben und seine Bedürfnisse. Ziel dieser Wissenschaft ist es, Methoden zu entwickeln um dem Men-schen die Arbeit zu erleichtern.

---

[4] Vgl. Unbekannter Verfasser (2004), S. 7.
[5] Vgl. Herczeg Michael (2009), S. 5.

3 Definition der Software-Ergonomie

Seit Mitte der Sechzigerjahre wurden die bis dahin hauptsächlich verbreiteten Groß-rechnersysteme immer mehr durch Einzelplatzrechnersysteme verdrängt.[6] Damit war die Bedienung des Rechners nicht mehr die alleinige Aufgabe eines darauf trainierten Experten. Seit dieser Zeit wuchs der Anteil der Kommunikation zwischen Benutzer und Computer rasch und es mussten auch Laien mit dem Computer umgehen können.

Computerbasierte Werkzeuge sind gegenüber klassischen Werkzeugen nicht passiv. Sie ändern aufgrund ihres Programms, der enthaltenen Software, in Abhängigkeit von Eingaben (Inputs) der Benutzer oder von Umgebungsbedingungen ihren internen Zu-stand und erzeugen dabei Ausgaben (Outputs).[7] Diese Besonderheit der Interaktivität im Zusammenspiel mit der Multimedialität und die damit verbundenen Herstellungs- und Nutzungsbedingungen rechtfertigen die Entstehung einer eigenen Teildisziplin der Ergonomie, nämlich der Software Ergonomie.[8]

In genauerer Betrachtung ist die Software-Ergonomie die Anpassung der technischen Systeme von Software an menschliche Fähigkeiten. Die Technik soll also erfolgsorien-tiert für den Menschen optimiert werden, damit die Arbeitsleistung erleichtert wird und unkompliziert fortgeführt werden kann. Ziel von Software-Ergonomie ist es also, Ei-genschaften aus dem Dialog-System an physische und psychische Fähigkeiten des Menschen anzupassen. Daraus resultiert, dass sich die Gestaltung von Benutzerschnitt-stellen an zwei Richtlinien orientiert: Das wären zum einen die Fähigkeiten und auch die Grenzen der jeweiligen Anwender, aber auch die Aufgaben, die von den Anwendern ausgeführt werden müssen und durch das Software-System unterstützt werden sollen.[9]

3.1 Psychologische Grundlagen

Die Grundlagen für Software-Ergonomie beziehen sich auf die Gestaltung von Menüs, Masken und Dialogen. Geregelt sind diese in der Normreihe DIN EN ISO 9241, unter-gliedert in die Teile 10 bis 17.[10] Wesentliche Merkmale, die hierbei zum Vorschein kommen sind die Benutzerfreundlichkeit, die Benutzerschnittstelle und die Benutzer-oberfläche.

---

[6] Vgl. Stowasser, S. (2006), S. 33.
[7] Vgl. Herczeg M. (2009), S. 6.
[8] Vgl. Herczeg M. (2009), S. 6.
[9] Vgl. http://www.ergonomie-leitfaden.de/software-ergonomie.htm
[10] Vgl. http://www.ergonomie-leitfaden.de/software-ergonomie.htm

DIN EN ISO 9241 - Teile mit Bezug zur Software-Ergonomie

- Teil 8: Anforderungen an Farbdarstellungen
- Teil 9: Anforderungen an Eingabegeräte - außer Tastaturen
- Teil 110: Grundsätze der Dialoggestaltung (ersetzt den bisherigen Teil 10)
- Teil 11: Anforderungen an die Gebrauchstauglichkeit - Leitsätze
- Teil 12: Informationsdarstellung
- Teil 13: Benutzerführung
- Teil 14: Dialogführung mittels Menüs
- Teil 15: Dialogführung mittels Kommandosprachen
- Teil 16: Dialogführung mittels direkter Manipulation
- Teil 17: Dialogführung mittels Bildschirmformularen
- Teil 171: Leitlinien für die Zugänglichkeit von Software

Quelle: Unbekannter Verfasser, Übersicht, Normen als Gestaltungsleitlinien. URL: http://www.ergo-online.de/html/software/grundlagen_der_software_ergon/software_ergonomie.htm. Abruf am 10. Juni 2015

Abbildung 1: Leitlinien der Software-Ergonomie

3.1.1 Usability Engineering

Eine der psychologischen Grundlagen ist die Benutzerfreundlichkeit neben der Benutzeroberfläche als Schnittstelle für die Funktionalität von Software-Ergonomie. Hierbei ist allerdings zu beachten, dass das Thema Software komplex ist. Es ist also ein interaktives Produkt, das aus Entwicklersicht in genau zwei Aspekten betrachtet wird, die von den Möglichkeiten der späteren Nutzer wegdriften. Zum einen visualisieren und entwickeln die Software-Experten die Technologie und beziehen sich damit auf rein technisch anwendbare Inhalte, die das reelle Ziel der produktiven Anwendung durch den Benutzer nicht mehr komplett und korrekt fokussieren. Zum anderen kennen sich die Entwickler nicht konkret mit dem Anwendungsbereich bzw. Arbeitsbereich der späteren Nutzer aus. Fachgebiete und genaue Abläufe sind ihnen hier nicht bekannt und deshalb ist es wichtig über das Usability Engineering (Verwendbarkeit der Maschine) eine benutzerfreundliche Oberfläche während der Software-Entwicklung zu bilden, um die Diskrepanz zwischen Entwicklung und Anwendung zu stopfen und Systeme gebrauchstauglich zu machen.[11]

In erster Linie zielt Usability also auf die Qualität der Benutzeroberfläche ab. Bedienelemente, Verständlichkeit und Bezeichnungen von Dialogen sind hier integriert. Diese qualitative Anwendung wird dann möglich, wenn Nutzer leicht und effizient erlernen

---

[11] Vgl. Richter M., Flückiger, M. (2013), S. 3, 4.

können, wie ein Software-System funktioniert. Das ist möglich, wenn Aufgaben und Ziele, die hiermit beabsichtigt werden, zufriedenstellend ausgeführt werden können.[12] Im Gesamten betrachtet, werden Funktionsabläufe, deren Prozesse und deren benötigte Informationen in einen Anwendungskontext gebracht, der in seiner Gesamtheit funktional bleiben soll.

3.1.2 Barrierefreie Software sowie ihre Benutzerfreundlichkeit und Gebrauchstauglichkeit

Die Barrierefreiheit ist ein wichtiger Aspekt in der Ergonomie. Uneingeschränktes Arbeiten, besonders für Menschen mit einer körperlichen Behinderung, soll durch konkrete Vorgaben und optimierte Technik ermöglicht werden. Diese Barrierefreiheit muss es auch in Software-Systemen geben. Zum Beispiel bei Sehbehinderungen: Blinde Menschen benötigen technische Hilfen wie die Braille-Schrift oder eine kompatible Einstellung der Schriftgröße um genauso wie nicht blinde Menschen mit Informationen umgehen zu können. Spastiker wiederum benötigen ganze Tastaturbefehle und Gehörlose müssen über die Bildsprache statt über das gesprochene Wort kommunizieren. In dieser Hinsicht gibt es technologische Verbesserungen, die von Behörden bereits angewandt werden, allerdings noch keine normierten Vorgaben, um Menschen mit Behinderung einheitlich ergonomisch-orientierte Software für ihre spezifischen Einschränkungen zu bieten.[13]

Die bisher vielfach angesprochene Benutzerfreundlichkeit beruht nicht nur auf der Professionalisierung von Usability, sondern auch teilweise auf Tests, die stringent mit Versuchspersonen durchgeführt werden. Hier werden Fragebögen zum Ausfüllen genutzt, durch deren Beantwortung eine bessere Tauglichkeit und Verbesserung der Software eingerichtet werden kann und zwar aufgrund dessen, wie die Testpersonen die Software bei der Erstnutzung betrachten. Vor allem werden diese Tests deshalb prozentual als sinnvoll erachtet, weil bis zu 80% der Probleme, die Software betreffend schon diagnostiziert werden können, wenn das System von drei bis fünf Nutzern angewandt wird. Um Software gebrauchtstauglich zu machen, müssen diese Probleme aber zeitnahe beseitigt werden. Hierzu greift die Normenreihe DIN EN ISO 9241, in der die Gebrauchstauglichkeit in ihrer Nutzungsqualität zentriert dargestellt wird. Insbesondere

---

[12] Vgl. Richter M., Flückiger, M. (2013), S. 4.
[13] Vgl. http://www.ergo-online.de/html/software/grundlagen_der_software_ergon/software_ergonomie.htm

heißt es dort, dass ein Programm erst dann nutzertauglich ist, wenn es effektiv, effizient und zufriedenstellend bewertet werden kann. Daher ist es sinnvoll, eine effektive Prüfung, gerade im Hinblick auf die Arbeitsbedingungen, durchzuführen[14].

3.2 Merkmale ergonomischer Software innerhalb der Grundsätze der Interaktionsgestaltung

In einem Satz zusammengefasst, ist Software-Ergonomie die menschengerechte sowie benutzerfreundliche Gestaltung von interaktiv gestalteten Programmsystemen, die den Computer fachgerecht zum Einsatz bringen sollen. Dieser Satz beinhaltet aber ein ganzes Paket von genau drei Wissenschaftsbereichen, deren Erkenntnisse und Ergebnisse hier verknüpft werden, um physische sowie mentale Fähigkeiten an die Arbeitsumgebung und die Produkte anzupassen:[15]

1. Die Psychologie, die Wahrnehmung, die Problemlösungsfähigkeiten und das Lernen besser versteht und erklärt.
2. Die Arbeitswissenschaften, die ganz wesentlich sind für Regulierung der Handlungen, Belastungen, Qualifikationen und die Arbeitszufriedenheit sowie die Arbeitsorganisation.
3. Die Informatik, die den Fokus auf hardware- und softwaretechnischen Möglichkeiten hat.

Ziel dieser drei Wissenschaften ist es also, die Leistungsfähigkeit des Menschen computerbasiert zu optimieren, so dass Gesundheit neben Sicherheit und Wohlbefinden verbessert werden und in eine positive Richtung gehen. Denn nur so lässt sich hervorragende Arbeit leisten.[16]

---

[14] Vgl. http://www.ergo-online.de/html/software/grundlagen_der_software_ergon/software_ergonomie.htm
[15] Vgl. http://www.nord-com.net/h-g.mekelburg/ergo/kap-swe.htm
[16] Vgl. http://www.nord-com.net/h-g.mekelburg/ergo/kap-swe.htm

3.2.1 Die sieben Prinzipien der Dialoggestaltung

Die Dialoggestaltung bezieht sich direkt auf die Software-Ergonomie, die sich in der Mitte von drei Leistungsbereichen, der Gestaltung von Mensch-Computersystemen als Schnittstelle und elementare Komponente befindet. Zuvor sei hier nur kurz angemerkt, dass es die Organisationsergonomie als vorausgehendes Kriterium gibt, die sich auf Funktionsstellungen von Mensch zu Mensch, die Gestaltung der Arbeitsabläufe und die Funktionsteilung von Mensch und Rechner bezieht. Sie hat also durchaus Priorität im Bereich der Software-Ergonomie, denn dort wird praktisch ausgeführt, was in der Organisationsbasis beschrieben wurde. Denn nun geht es um Dialoge, die Ein- und Ausgabe sowie um die Anwendung der computertechnischen Systeme, die am Ende über die Hardware im Ergebnis ausgegeben werden.[17]

Die sieben Grundsätze der Dialoggestaltung beziehen sich wieder auf die ISO Norm 9241. Sie sollen lediglich als Richtlinie dienen und flexibel anwendbar für die jeweilig eintretenden Situationen sein. Prioritäten müssen also von den Beteiligten akribisch gefiltert werden, um sie primär einzuteilen.[18]

Das erste Prinzip ist die „Aufgabenangemessenheit". Hierbei geht es darum, zu überlegen, ob der schriftliche Dialog für die Erledigung der Arbeitsaufgaben sinnvoll ist, indem er den Benutzer unterstützt und die Abläufe im Arbeitsalltag effektiv und auch effizient erledigt.[19]

Der zweite Grundsatz ist die „Selbstbeschreibungsfähigkeit". Sie bedeutet, sich des bisherigen Dialoges im Rückschritt bewusst zu werden und Informationen zu speichern, ohne große Überlegungen anstrengen zu müssen, um diese wieder abzurufen. Damit zeigt sich in diesem Bereich schon eine Konstruktion innerhalb einer Dialogfestigung.

Drittens, die „Steuerbarkeit", ein sukzessives Element das auf den beiden vorherigen Elementen aufbaut. Prägnant ist hier die Steuerung des Dialoges durch den Anwender. Vor allem ist das Artefakt dabei, dass das Gesamtkonzept des Dialoges vom Benutzer gesteuert wird und zwar innerhalb des Arbeitstempos, im Einsatz und der Reihenfolge der Arbeitsmittel sowie in der Rückmeldung des Systems. Im Prinzip besteht hier also nichts anderes, als eine Delegation der Aufgaben untereinander.

Die „Erwartungskonformität" bedeutet, dass der Dialog einer realistischen Prüfung unterzogen wird. Und zwar dahingehend, ob der Nutzer aufgrund Ausbildung, Erfah-

---

[17] Vgl. Heinecke, A. M. (2012), S. 34.
[18] Vgl. http://www.nord-com.net/h-g.mekelburg/ergo/kap-swe.htm
[19] Vgl. http://www.nord-com.net/h-g.mekelburg/ergo/kap-swe.htm

8

rung und gesamter Kenntnis überhaupt die nötigen Voraussetzungen erfüllt, um mit dem Dialogsystem arbeiten zu können.

Ein minimaler oder nicht nötiger Korrekturaufwand zeigt auf, wie schnell Fehler korrigiert werden können und wie viel Aufwand in Zeit und Nutzen dafür benötigt wird. Das wird fünftens als „Fehlerrobustheit" oder auch „Fehlertoleranz" bezeichnet. Hier greift ein gut strukturiertes Dialogsystem, indem es Fehler vermeidet, auffängt und ein bestmögliches Arbeitsergebnis erreicht.

Als vorletztes Element wird die „Individualisierbarkeit" intendiert. Der Anwender kann nun das System des Dialogs seinen Arbeitserfordernissen, den Bedürfnissen sowie Fertigkeiten anpassen.

Dialoge fördern immer das Lernen und bilden beim Anwender ein mentales Modell, um die Bedienung des Systems leichter und besser verstehen zu können. Deshalb ist die „Lernförderlichkeit" eine wichtige Unterstützung im Gesamtdialog und gleichzeitig der letzte Grundsatz.[20]

3.2.2 Qualität ergonomischer Software für benutzergerechte Gestaltung

Die Dialoggestaltung hat in der Regel einen primären Charakter. Der Umgang mit der ergonomisch orientierten Software an sich ist aber keinesfalls sekundärer Natur und divergiert sich nicht von den Prinzipien der Dialoggestaltung. Es ist hier vielmehr ein heuristisches Vorgehen gefragt, um allen Nutzern der Software gerecht werden zu können. Das betrifft unter anderem die menschengerechte und fachgerechte Gestaltung der Software, in dem Stärken, Schwächen, Bedürfnisse und Unterschiede in der Entwicklung der Anwender berücksichtigt werden, was wiederum zusammengefasst als Styleguides bezeichnet wird.[21] Hinzu kommt auch hier die aufgabenangemessene Ausarbeitung des Systems, indem Einsatzgebiete und Aufgaben optimal auf die Software und den jeweiligen Benutzer verteilt werden. Dabei sollte nicht außer Acht gelassen werden, dass neue Technologien ebenfalls benutzergerecht optimiert werden sollten und das aus ökonomischer und ökologischer Betrachtung.

Zuletzt geht es um das organisatorische Konzept, mit dem gesteuert und eingebunden wird.[22]

---

[20] Vgl. http://www.nord-com.net/h-g.mekelburg/ergo/kap-swe.htm
[21] Vgl. http://www.nord-com.net/h-g.mekelburg/ergo/kap-swe.htm
[22] Vgl. http://www.nord-com.net/h-g.mekelburg/ergo/kap-swe.htm

9

An dieser Stelle wird zur Veranschaulichung auf die Abbildung 2 verwiesen, die das arbeitspsychologische Konzept von dem prominenten Arbeitspsychologen Eberhard Ulich zu den Aspekten der Benutzerfreundlichkeit in Dialogen beinhaltet. Dazu werden drei Kategorien als Kontrollkonzept aufgestellt, die sich aus der empirischen Forschung zur Software-Ergonomie ergeben und damit als primäre Arbeitskriterien in diesem Arbeitsbereich geltend gemacht werden können, sich aber auch auf andere Computer-programme übertragen lassen.[23]

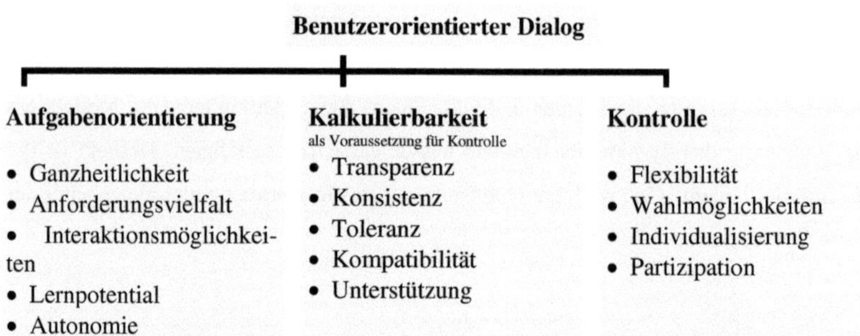

Quelle: Mekelburg Hans-G. (01.12.2010), Der Recherchekompass, Merkmale ergonomischer Software, benutzerorientierter Dialog. URL: http://www.nord-com.net/h-g.mekelburg/ergo/kap-swe.htm. Abruf am 11. Juni 2015

Abbildung 2: Dialoggestaltungskonzept für Benutzerorientierung

Wenn das bisher vorgestellte Konzept in seinem Zusammenhang betrachtet wird, ist klar, dass Theorie und Praxis durch Organisation und die Konzepte von Software- und Hardwareergonomie ineinandergreifen. Entscheidend ist, dass die Software-Ergonomie benutzer- und anwendungsgerechte Computerhardware gestalten soll. Das ist nichts anderes, als den Arbeitsplatz mit nahezu allen räumlichen, physischen und psychologi-schen Rahmenbedingungen zu gestalten. Denn das ist der Inhalt der Software-Ergonomie, der sich später im technischen Aspekt mit der Hardware-Ergonomie ver-bindet und funktional ausgestaltet wird.[24]

Was die Styleguides vor allem erreichen sollen, ist eine Vereinheitlichung der Benutzer-schnittstelle. Eine gemeinsame Oberfläche, mit der alle gleichermaßen zurechtkommen. Daraus resultiert, dass es Vorschriften, wie die bislang vorgestellte DIN Norm geben muss, um eine Richtung zu geben und damit eine Ursprungsbasis für Anwendungspro-

---

[23] Vgl. http://www.nord-com.net/h-g.mekelburg/ergo/kap-swe.htm
[24] Vgl. Herczeg, M. (2005), S. 5.

gramme herzustellen. Allerdings bedeutet die Tatsache, dass Richtlinien eingehalten werden noch nicht, das die Qualität der Schnittstellen eingehalten wird.[25]

Betrachtet man im Groben das Inhaltsverzeichnis von Styleguides, fällt auf, dass der Leitfaden von vorn nach hinten durchgelesen werden muss, um alle wichtigen Informationen filtern zu können. Diese Tatsache hat den plausiblen Hintergrund, dass eine Gliederung und ein Index fehlen, um Begrifflichkeiten schnell, wie in einem Lexikon, nachschlagen zu können. Damit wird das Suchen bestimmter Sachverhalte erschwert, weil die Kapitel sehr allgemein gehalten sind und sich auf Dinge wie funktionale Elemente, Menüdialogtechnik oder den Charakter von Dialogboxen beziehen.[26] Aus diesem Grund wird empfohlen, die Richtlinien besser zu strukturieren und zwar prioritär nach Gesichtspunkten, die Schlagworte enthalten. Beispiele hierfür sind die Zielgruppe, Erweiterungen sowie Arbeitsweisen und Kodierungen von Informationen. Die Liste der inhaltlichen Fakten sollte also von primär über sekundär nach tertiären Wichtigkeiten unterfüttert werden. Hierbei sollten auch die Interaktionstechniken nicht außer Acht gelassen werden.[27]

Zusammenfassend wird für die Gestaltung der Schnittstelle die Evaluationsphase genannt und zwar um Schwächen festzustellen, hausinterne Gestaltungsregeln zu entwerfen und deren Einhaltung zu überprüfen.

3.2.3 Analytisch-psychologisches Gestaltungskonzept von Styleguides

Die folgende Darstellung interpretiert die einzelnen Schritte des Styleguides sukzessiv und intendiert eine Prämisse der wesentlichen Bestandteile in der Abfolge eines solchen Informationsblocks.[28] Hiermit werden gleichzeitig die wesentlichen Bestandteile gut gestalteter Software-Ergonomie präsentiert.

Als erste Konstitution der Gesamtanordnung erfolgen die Analyseschritte, die sich in die Analytik der Aufgaben und in die für die Benutzergruppen aufteilt. Anschließend werden auch die technologischen Randbedingungen innerhalb dieser Phase festgelegt. Danach werden die Arbeitsinformationen den Masken zugeordnet und dazu zählt, dass die Datenfelder pro Maske festgelegt und bestimmt werden. Gleichzeitig werden auch die Zugriffsberechtigungen festgelegt. Darauffolgend kommt es zur Dialogführung, in

---

[25] Vgl. Bullinger, H. J. (2013), S. 204.
[26] Vgl. Bullinger, H. J. (2013), S. 205.
[27] Vgl. Bullinger, H. J. (2013), S. 206, 207.
[28] Vgl. Bullinger, H. J. (2013), S. 210.

der die Technik für die Anwahl der Masken dargestellt wird sowie Informationen und Felder in diese Maske eingegeben werden. Aber auch Ablauf, Sequenzen und Steuerung dieses Dialoges werden konstruiert. Dazu kommen die Status-, Hilfs- und Fehlerinformationen, die ebenfalls initiiert werden. Im nächsten Schritt wird das Groblayout über die Infoklassen der Bildschirmbereiche zugeordnet und die Arbeitsinformationen werden genauestens strukturiert, sodass anschließend auch Informationsblöcke gebildet werden können. Danach wird bei der Informationskodierung der Text nach Symbolen und Grafiken gefiltert. Der Unterschied zur inhaltlichen Gestaltung, bezüglich den Dialogen und den Arbeitsinformationen, zeigt sich darin, dass es hier um die visuelle Wahrnehmung am Bildschirm geht und daher auch die Überschriften neben Begriffen und Formulierungen kodiert werden. Dazu werden wiederum sinnvolle Abkürzungen gebildet. Darüber hinaus bringt das Feinlayout den Endschliff der gesamten Kette. Bündigkeiten, Blocksatzabstände und Trennlinien werden hier gesetzt. Zusätzlich werden dazu auch Listen inkl. Adressblöcken gestaltet. Abschließend werden auch hier Hervorhebungen und Kennzeichnungen in die Bildschirmmasken integriert.[29]

4 Folgen schlechter Software-Ergonomie

Nach den prägnant dargestellten Ergebnissen aus der empirischen Forschung zur Software-Ergonomie stellt sich die Frage, welche Folgen es für den Menschen als Anwender von Computerprogrammen hat, wenn eben diese Informationssysteme nicht funktionieren oder deren Gesamtkonzept gestört ist, was dazu führt, dass die Anwendung nicht mehr als ergonomisch bezeichnet werden kann.

Dazu zunächst ein Exkurs zur Begrifflichkeit der Informationen an sich: In der heutigen Zeit werden Informationen neben Arbeit, Kapital und Boden als der vierte Informationsfaktor bezeichnet. Dabei erkennt man, dass es sich hierbei um ein immaterielles Wirtschaftsgut handelt und es damit auch beliebig vervielfältig werden kann. Aus diesem Grund können Informationen in Produktionsprozessen eingesetzt werden, müssen aber entsprechend strukturiert werden, damit sie auch ihren Wert behalten. Damit jenes gewährleistet ist, darf das Informationsgut nicht von der ursprünglichen Beschreibung getrennt werden. Die Konvergenz von Ursprung und Verbreitung ist also der Grad mit dem Informationen vermittelt werden. Sie ist das Postulat des Informationsmanage-

---

[29] Vgl. Bullinger, H. J. (2013), S. 209.

ments.[30] Wenn bei dieser Mensch-Computer-Interaktion Fehler entstehen, hat das in erster Linie auf das Arbeitsverhalten des Menschen enorme Folgen, was den internen sowie externen Ablauf des Arbeitsprozesses stört. Das ist nichts anderes als schlecht gestaltete Software-Ergonomie.

Konkrete Konsequenzen schlechter Software-Ergonomie sind Folgende: Motivation und Leistungsfähigkeit des Anwenders sinken und deshalb wird der Fokus der Arbeitszeit anders konzentriert. Nämlich darauf, dass das Ziel einer Funktion erreicht wird und nicht der Inhalt dieser zu bearbeitenden Sache. Sehr fatal ist es, wenn neue Software angeschafft wird, um die Produktivität im Betrieb zu steigern, diese Systeme aber durch schlechte Konzeption oder Bedienbarkeit verlangsamt werden und damit unbrauchbar sind. Dieses Problem multipliziert sich damit, dass das Personal nicht entlastet wird, was als Schlussfolgerung hat, dass sich die Kunden mit ihrem Auftrag an die Konkurrenz wenden. In Gang kommt dadurch ein Imageverlust, der immenser sein könnte als der Verlust des gesamten Umsatzes. Im Ergebnis gibt es also Verluste über die Minderung des Kaufpreises beim Hersteller und eben auch die Kundenunzufriedenheit.[31]

4.1 Fehlertaxonomie

Hierbei geht es um die Kategorisierung von Fehlern; um eine kritische Auseinandersetzung mit Fehlertoleranz. Dabei werden Fehler genauestens analysiert und klassifiziert, um sie für die Zukunft vermeidbar zu machen.[32] Innerhalb eines kurzen Exkurses sollte an dieser Stelle die Begrifflichkeit der Ingenieurspsychologie erwähnt werden, in der menschliches Verhalten in Bezug auf Nutzung der Maschinen in Hinblick auf ihr Erreichen des Ziels untersucht wird. Genauer genommen handelt es sich hierbei um die Wissenschaft der Mensch-Maschine-Interaktion und deshalb um das Erleben und Verhalten von Menschen im Umgang mit technischen Produkten und darum, dass dieser Umgang optimal gestaltet wird. Diese psychologische Fachrichtung wurde entwickelt, damit eine Vielzahl von Handlungsmöglichkeiten innerhalb dieser Mensch-Maschine-Interaktion vorhanden ist[33]. Deshalb kann es zu Fehlern kommen und die Ingenieurspsychologie beschäftigt sich konkret mit dem Problem der Folgen schlechter Software,

---

[30] Vgl. Stickel, E. (2001), S. 3.
[31] Vgl. http://www.lfe.mw.tum.de/wp-content/uploads/2015/03/Breuninger-2009-Physiologische.pdf
[32] Vgl. http://www.researchgate.net/profile/Dieter_Zapf/publication/242465590_Handlungsorientierte_fehlertaxonomie_in_der_mensch-computer_interaktion/links/0c96053c661e31ea89000000.pdf
[33] Vgl. Vollrath, M. (2015), S. 4.

in dem sie dieses in einem Satz mit Fakten konkretisiert und zwar wie folgt: Der Nutzer weiß, was er mit dem Computerprogramm erreichen will, kann aber nicht herausfinden, wie er dieses Ziel finden kann, ohne durch ein Labyrinth zu gelangen. Daraus resultiert, dass das Produkt nicht fachgerecht entwickelt wurde und die zu bedienende Funktion zwar bestmöglich ausgestaltet wurde, aber für den Benutzer nicht zureichend definiert. Kognitive Prozesse wurden nicht genügend ausgestaltet. Deshalb versucht die Ingenieurspsychologie aufgrund der Denkweise, die Menschen untereinander haben, herauszufinden, welche Erwartungen sie an Leistung und Bedienung haben. Bezeichnet wird das auch als mentales Modell. Durch diese Analytik kann gefiltert werden, wie die Mensch-Maschine-Interaktion funktioniert. Denn bei dieser empirischen Untersuchung geht es nicht um die Vielfältigkeit, die durch die Maschine, hier die Software in deren Möglichkeiten erreicht werden kann, sondern um das wie. Wie wird es angewendet und wie geht der Mensch damit um? Realistische Ziele sind zentriert in den Vordergrund gestellt und auf diese Art und Weise geht auch die Fehlertaxonomie vor.[34] Der Unterschied zwischen Funktionsproblem und Nutzungsproblem ist also ein wichtiges Kriterium, das in der Fehlertaxonomie behandelt wird. Dabei werden die Probleme in den Funktionen in ihrer Auswirkung auf den Handlungsprozess unterschieden. So können Ziele eliminiert, abgeändert oder vollständig subtrahiert werden. Kompensieren, gestalten und dividieren sind Fakten, die einen Veränderungsprozess vorantreiben.[35] Aus diesem Grund sind strukturierte Zielpläne ebenfalls wichtig, um die Probleme zu lösen und einen komplexen Handlungsstrang zu entwickeln. Dabei wird nach Phasen unterschieden, die sich in Regulationsebenen und Handlungsprozesse untergliedern.[36] Am Ende werden nach der Umsetzung der Planungsprozesse diese Strukturen effektiv geprüft und nach einer bestimmten Zeit wird mit den Mitarbeitern abgesprochen, ob die Planumsetzung funktioniert und sich das neue Konzept etabliert hat. Nur so kann der Ursprung von Problemen in der Mensch-Computer-Interaktion innerhalb individueller Benutzungsfehler in einer Firma herausgefunden werden. Diese Teilstücke werden im Ganzen als Fehlertaxonomie bezeichnet. Bei diesem heuristischen Vorgehen wird explizit gefiltert, ob die Probleme in der Interaktion aus dem Planungsprozess, der Planungsspeicherung, dem Abruf der Pläne oder in den Rückmeldungsprozessen auftreten. Ziel

---

[34] Vgl. Vollrath, M. (2015), S. 3.
[35] Vgl.
http://www.researchgate.net/profile/Dieter_Zapf/publication/242465590_Handlungsorientierte_fehlertaxonomie_in_der_mensch-computer_interaktion/links/0c96053c661e31ea89000000.pdf
[36] Vgl. ebd.

ist es, Fehlerkategorien durch das Intendieren aller Möglichkeiten abzugrenzen.[37] Auf dieses Thema (insbesondere welche Fehler, wie und in welcher Phase auftreten) wird an dieser Stelle nicht weiter eingegangen, da der Rahmen dieser Seminararbeit begrenzt ist.

4.2 Prozessführungssysteme und ihre Komplexität als Problemkern

Folgen schlechter Software-Ergonomie liegen im gesamten System der Prozessführung. Betrachtet man diese Systeme, so zeigt sich der Komplex schon in der Grundstruktur. Denn hier wird automatisch gesteuert, geregelt und automatisiert. Der Produktionsprozess soll in jedem Schritt dank verschiedener Systeme überwacht werden. Somit wird eine gestalterische Tätigkeit vorausgesetzt, die der Mensch anwenden soll und damit zeigt, dass er die Maschine beherrscht, die er bedienen soll. So eben auch den Computer mit seinen Systemen oder spezieller betriebsinterner Software. Probleme treten auf, weil das ganze Prozesssystem gleichzeitig als Aktor, Sensor, Steuerungs- sowie Regelungselement und Übertragungs- sowie Speichersystem funktioniert. Dabei müssen die richtigen Anzeige- und Eingabemodule beachtet werden.[38] Zugleich sind aber Überwachung und Steuerung, die bereits genannt wurden, die wichtigsten Aufgaben, die auf Mensch und Maschine anteilig übertragen werden. Dabei ist die Art der Arbeitsteilung sehr entscheidend, weil der Mensch als Operateur fungiert. Resultierend daraus ist eine präzise und zeitgerechte Arbeitsweise extrem wichtig.[39]

Ein Problem der Komplexität, das gleichzeitig Abhilfe schaffen sollte, sind die multimedialen Prozessführungssysteme, die an digitale Kommunikationsnetzwerke gebunden sind und die Entwicklung der mechanischen, elektromechanischen sowie elektronischen Spezialsysteme noch intensiver koppeln sollen. Wegen der algorithmischen Komplexität schaffen sie aber keine Abhilfe, sondern bringen Trennung und Entfremdung von Mensch und Maschine hervor.[40]

---

[37] Vgl.
http://www.researchgate.net/profile/Dieter_Zapf/publication/242465590_Handlungsorientierte_fehlertaxo
nomie_in_der_mensch-computer_interaktion/links/0c96053c661e31ea89000000.pdf
[38] Vgl. Herczeg, M. (2014), S. 1, 2.
[39] Vgl. Herczeg, M. (2014), S. 2.
[40] Vgl. Herczeg, M. (2014), S. 4, 5.

5 Schlussbetrachtung und Ausblick

In der vorliegenden Arbeit ging es darum, darzustellen, was die Software-Ergonomie im Bezug von Nutzer und Anwender eines programmierten Systems leisten kann und warum sie so wichtig ist. Dazu wurden zunächst allgemeine Begriffe wie Software und Ergonomie erklärt, bevor der Übergang zur Software-Ergonomie getätigt wurde. Anschließend wurden die psychologischen Grundlagen erläutert, auf denen das ganze System aufbaut. Darunter das Usability Engineering und die Benutzerfreundlichkeit sowie Gebrauchstauglichkeit, besonders in Betracht auf Bildschirme, eben Dialogsysteme. Deshalb wurde auch die DIN NORM 9241 angeführt in ihren Grundsätzen der Interaktionsgestaltung neben den Prinzipien von Dialoggestaltung. Styleguides in all ihren Facetten sind ebenfalls Kriterien, ein unbegrenztes Paradigma, die für Software-Ergonomie unabdingbar wichtig sind. Daneben wurde aber auch die Fehlertaxonomie beschrieben, die Folgen von schlechter Software darstellt, analysiert und wie sie behoben werden können. Dazu ist es wichtig, den Problemkern innerhalb der Prozessführungssysteme zu filtern.

Nach der Erörterung des Themas, des Problems zwischen Nutzer und Maschine in den Funktionalitäten wird festgestellt, dass die Komplexität des Computers in all seinen Programmen und Sprachen dazu führt, dass Verwirrung genauso integriert wird, wie der Erfolgsnutzen durch neue Programme. Anwender werden nicht genug geschult, bekommen kein genaues Tutorial, um Programme zu verstehen und vor allem keine psychologischen Grundlagen durch Fachseminare, die vom Betrieb angeboten werden. Denn das Problem der Diskrepanz in der Interaktion zwischen Anwender und dem Personal-Computer liegt nicht nur am heute schnelllebigen Alltag, sondern auch an der Voraussetzung, alles sofort erlernen oder gleich können zu müssen und dafür nicht viel Zeit zu gebrauchen und Fachbegriffe sowie Übergänge ohne ein Tutorial oder genaue Anweisungen zu verstehen. Deshalb verzichten Betriebe hier auf die Genauigkeit der Interaktion in grundlegenden Erklärungen und konfrontieren die Mitarbeiter mit neuen Programmen und sofortigen Wünschen. Das war sicherlich in den 1960er Jahren, einer zentrierten Zeit, in der Informationsgut noch gefiltert wurde und es noch keine Apps und Handys gab, anders. Deshalb ist der Faktor von überfluteten Informationen verbunden mit dem Alltagsstress ein Garant für sofortiges Lernen, einem System von *„Tischlein, deck dich!"*. Das Ergebnis sind immer bessere Programme, die alles können, grundlegendes zu gering integrieren, aber nur von 50% der Nutzer verstanden werden, weil die Erklärungszeit fehlt.

Literaturverzeichnis

Literaturquellen

Bullinger, Hans-Jörg (2013): Software-Ergonomie in der Praxis: Richtlinien, Methoden und Werkzeuge für die Gestaltung interaktiver Systeme, Springer Verlag, Berlin-Heidelberg

Dahm, Markus (2006): Grundlagen der Mensch-Computer-Interaktion, Pearson Education Deutschland, München

Hamborg, Kai-Christoph; Strauß, Friedrich; Beck, Astrid; Dahm, Markus; Heers, Markus; Heers, Rainer; Heinecke, Andreas M. (2009): Ein neuer Standard für die Ausbildung im Fach Mensch-Computer-Interaktion, Springer Verlag, Berlin-Heidelberg

Heinecke Andreas M. (2012): Mensch-Computer-Interaktion, Basiswissen für Entwickler und Gestalter, 2 Auflage, Springer Verlag, Berlin-Heidelberg

Herczeg, Michael (2005): Software-Ergonomie: Grundlagen der Mensch-Computer-Kommunikation, 2. Auflage, Oldenbourg Wissenschaftsverlag, München-Wien, S. 5

Herczeg, Michael (2009): Software-Ergonomie, Theorien, Modelle und Kriterien für gebrauchstaugliche interaktive Computersysteme, Oldenbourg Wissenschaftsverlag, München-Wien

Herczeg, Michael (2014): Prozessführungssysteme, Sicherheitskritische Mensch-Maschine-Systeme und interaktive Medien zur Überwachung und Steuerung von Prozessen in Echtzeit, Oldenbourg Wissenschaftsverlag, München

Richter Michael, Flückiger, Markus, (2013): Usability Engineering kompakt, Benutzbare Produkte gezielt entwickeln, 3. Auflage, Springer Vieweg Verlag, Berlin-Heidelberg

18

Stickel Eberhard (2001): Informationsmanagement, Lehrbücher Wirtschaftsinformatik, Oldenbourg Wissenschaftsverlag, München

Stowasser, Sascha (2006): Methodische Grundlagen der softwareergonomischen Evaluationsforschung, Shaker Verlag, Aachen

Unbekannter Verfasser (2004) Leitfaden Software –Ergonomie – Gestaltung von Bedienoberflächen, VDMA Verlag , Frankfurt am Main

Vollrath Mark (2015): Ingenieurpsychologie, Psychologische Grundlagen und Anwendungsgebiete, 1. Auflage, W. Kohlhammer Verlag, Stuttgart

Internetquellen

Breuninger Jurek:
Physiologische, psychologische und systemergonomische Grundlagen der Mensch-Computer-Interaktion.
http://www.lfe.mw.tum.de/wp-content/uploads/2015/03/Breuninger-2009-Physiologische.pdf
Abruf am 25. Juni 2015

Mekelburg Hans-G.:
Der Recherchekompass, Software Ergonomie, Versuch einer Begriffsbestimmung.
http://www.nord-com.net/h-g.mekelburg/ergo/kap-swe.htm
Abruf am 15. Juni 2015

Unbekannter Verfasser:
Was ist Software-Ergonomie? Begriff Software-Ergonomie.
http://www.ergonomie-leitfaden.de/software-ergonomie.htm
Abruf am 10. Juni 2015

Unbekannter Verfasser:

Übersicht, Barrierefreie Software.

URL: http://www.ergo-

online.de/html/software/grundlagen_der_software_ergon/software_ergonomie.htm

Abruf am 10. Juni 2015

Zapf Dieter, Brodbeck Felix C., Prümper Jochen:

Handlungsorientierte Fehlertaxonomie in der Mensch-Computer-Interaktion, Theoreti-

sche Überlegungen und erste Überprüfungen im Rahmen einer Expertenbefragung.

http://www.researchgate.net/profile/Dieter_Zapf/publication/242465590_Handlungsorie

ntierte_fehlertaxonomie_in_der_mensch-

computer_interaktion/links/0c96053c661e31ea89000000.pdf

Abruf am 25. Juni 2015